Miriam Margraf
Dino-Alarm!!!

Miriam Margraf

Dino-
Alarm!!!

Mit Bildern von Thomas Thiemeyer

Ravensburger Buchverlag

Bibliografische Information der Deutschen Bibliothek
Die Deutsche Bibliothek verzeichnet diese Publikation in der
Deutschen Nationalbibliografie; detaillierte Daten sind
im Internet über **http://dnb.de** abrufbar.

4 3 2 1   08 07 06 05

© 2004 für die Erstausgabe und © 2005 für die Sonderausgabe
Ravensburger Buchverlag Otto Maier GmbH
Postfach 1860 · 88188 Ravensburg
Umschlagillustration: Thomas Thiemeyer
Umschlagkonzeption: Sabine Reddig
Redaktion: Angela Vornefeld
Printed in Germany
ISBN 3-473-34825-2
www.ravensburger.de

Lies dies zuerst!
Die meisten Bücher handeln von anderen
Leuten, aber dieses Buch handelt von dir – und
von deiner Zeitreise!
Welche Abenteuer du in der Urzeit erlebst,
hängt von deinen eigenen Entscheidungen ab.
Lies dieses Buch nicht von der ersten bis zur
letzten Seite, sondern beginne auf der ersten
Seite und lies weiter, bis du zum ersten Mal vor
eine Entscheidung gestellt wirst. Dann triff
deine Wahl, lies auf der angegebenen Seite
weiter und sieh zu, was passiert.
Wenn du eine Geschichte ausgelesen hast,
geh zurück und wähle eine andere. Jede
Entscheidung entführt dich in ein neues,
aufregendes Abenteuer.

Bist du bereit, auf eine Zeitreise zu gehen?
Dann schlag die erste Seite auf – und viel Glück!

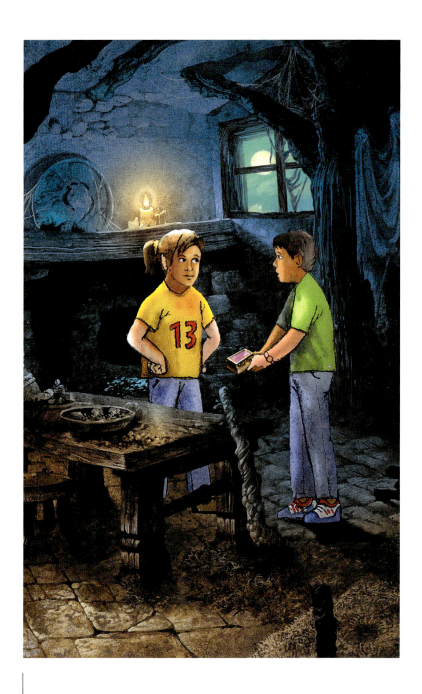

„Zauberpulver", liest du ungläubig auf dem
Etikett der Dose.
„Genau. Zauberpulver. Mein Großvater hat es
erfunden. Man kann damit ruck-zuck an jeden
Ort und in jedes Zeitalter reisen. Einfach so,
schwupps!" Dein Freund Sascha schnippt mit
den Fingern.
„So ein Quatsch!", entgegnest du.
Ihr steht auf dem Dachboden von Saschas Haus.
Hier zwischen alten, zerbrochenen Möbeln und
Spinnweben will Sascha das Döschen gefunden
haben.
Jetzt zieht er dich zu sich heran und flüstert
verschwörerisch: „Mein Großvater hat Bücher
darüber geschrieben. Alle hielten Opas Erzählun-
gen für Lügengeschichten. Aber er hat immer
gesagt, dass jedes Wort wahr ist. Er war dabei,
als das Rad erfunden wurde, er hat mit Kolumbus
Amerika entdeckt, er hat gesehen, wie August
der Starke ein Hufeisen verbogen hat …"
Du winkst ab. „Dein Opa hatte zu viel Fantasie.
Wie soll denn das funktionieren?"
„Das wirst du gleich sehen!", sagt Sascha und
grinst schelmisch.

Lies weiter auf Seite 10

7

Der Zeitstrudel reißt dich fort, ebenso wie
Sascha. Du beginnst zu kreiseln und spürst,
dass du ohnmächtig wirst.
Als du mit einem dumpfen Knall auf den Erd-
boden schlägst, kommst du wieder zu dir.
Du öffnest die Augen und hebst den Kopf, um
dich umzusehen. Du kannst den Kopf sehr
hoch heben, so hoch wie noch nie.
Jetzt bemerkst du, dass du am Ufer eines Sees
gelandet bist. Die Pflanzen hier sind seltsam:
Riesenfarne, Stachelbüsche und Moose! Du
rufst: „Sascha!" – Aber was aus deiner Kehle
kommt, ist ein entsetzliches Röhren, vor dem
du selbst erschrickst.
Voller Zweifel beugst du dich über den glatten
Spiegel des Sees, um dich zu betrachten.
Ein zweiter grauenvoller Schrei entfährt dir,
als du einen Saurier siehst!

Lies weiter auf Seite 20

Sascha öffnet das Döschen. Es enthält zwei Kammern. Die eine ist mit dunklem, die andere mit hellem Pulver gefüllt. „Ich habe alle Aufzeichnungen meines Großvaters gelesen", erklärt er dir aufgeregt. „Mit dem dunklen Pulver gelangst du hin, mit dem anderen wieder zurück. Du musst nur exakt die gleiche Menge einnehmen. Und weißt du, was die Sensation dabei ist? Das Pulver verwandelt dich automatisch in einen Zeitgenossen. Landest du in der Steinzeit, wirst du ein Urmensch. Landest du im alten Rom, wirst du ein Römer ..."

„Oder Gallier", kicherst du. Die Vorstellung gefällt dir.

„Also gut", sagst du, „und wie ist es mit der Dosierung?"

„Keine Ahnung!", gesteht Sascha. „Aber wenn wir uns vorher die richtige Menge für die Rückreise abfüllen und mitnehmen, ist es doch ganz egal, wo wir landen. Wollen wir es versuchen?"

➔ Wenn dir die Angelegenheit zu heiß ist, lies weiter auf Seite 17

➔ Wenn du die Zeitreise zusammen mit Sascha wagen willst, lies weiter auf Seite 32

Du schwenkst deinen Kopf herum und suchst den Boden nach dem Pulver ab. Aber du kannst nicht besonders gut sehen. Dafür bemerkst du, dass du viele verschiedene Gerüche unterscheiden kannst. Jetzt müsstest du nur noch wissen, wie das Zauberpulver riecht! Du stöberst mit deiner Nase im Moos. Dabei drehst du dich schwerfällig um deine eigene Achse. Mit dem Maul schiebst du die Farne auseinander. Doch du

kannst das Päckchen einfach nicht entdecken! Alles, was du riechen kannst, sind Grünfutter und Erde, sonst nichts.
Oder vielleicht doch? Plötzlich nimmt deine Nase einen fremden Geruch wahr. Scharf und Ekel erregend. Du weißt nicht warum, aber du bist dir sicher: So riecht das Zauberpulver nicht! In diesem Augenblick hörst du auch schon die grausamen Schreie deiner Angreifer.
Dein Kopf schnellt herum, und da siehst du sie: drei Raptoren! Die hinterhältigen Raubsaurier können jeden Moment zum Angriff übergehen!

◉ **Wenn du fliehen willst, lies weiter auf Seite 41**
◉ **Wenn du kämpfen willst, lies weiter auf Seite 22**

„Sascha?", fragst du ungläubig. Es klingt wie ein dumpfes Gurgeln.

Der Toro-Saurier antwortet mit einem heiseren Röhren, aber du verstehst ihn trotzdem.

„Wie hast du mich erkannt?"

„Saurier tragen für gewöhnlich keine Zahnspangen. Und an deinem Horn hängt eine Zahnspangenbox!"

„Tatsächlich, das ist ja genial!", ruft Sascha aus. „Die konnte ich selbst nicht sehen! Ich dachte, das Pulver sei futsch!"

„So wie meins", sagst du.

„Von wegen!", entgegnet Sascha. „Das Päckchen klemmt doch zwischen deinen Rückenplatten!"

➜ **Wenn du froh bist, dass alles noch einmal glimpflich abgegangen ist, überredest du Sascha, unverzüglich mit dir die Heimreise anzutreten. Lies weiter auf Seite 56**

➜ **Wenn ihr euch, da ihr nun das Pulver gefunden habt, noch ein wenig in der Kreidezeit umsehen wollt, lies weiter auf Seite 27**

Sascha ist so aufgeregt, dass er die Zahn-
spangenbox mit seinen ungelenken Flugsaurier-
krallen gar nicht aufbekommt.
Die stinkende, schlecht gelaunte Tyranno-
saurier-Dame kommt immer näher. Panisch
reißt du ein Stück aus dem Päckchen in deiner
Klaue heraus und schluckst es samt Papier.
Den Rest stopfst du Sascha in den Mund.
Du hörst noch, wie die Kiefer der wütenden
Angreiferin krachen. Dann reißt dich der
Zeitstrudel davon.

Lies weiter auf Seite 26

„Dann versuche ich es eben alleine!", sagt Sascha trotzig.
Du beobachtest, wie er auf einer Briefwaage jeweils 100 Gramm des Pulvers abwiegt. Das helle Pulver für die Rückreise verpackt er in einem Tütchen in seiner Zahnspangenbox und hängt sie sich um den Hals.
Dann schluckt er das dunkle Zauberpulver.

Lies weiter auf Seite 24

Ob du wohl genauso hässlich aussiehst wie dein schiefzahniger Nestgenosse? Plötzlich schwant dir etwas.

„Sascha?", versuchst du zu fragen. Aber du bringst nur ein heiseres Krächzen heraus. Trotzdem wirst du verstanden.

„Sehe ich auch so komisch aus wie du?", erkundigt sich dein Freund mit ähnlichen Kreischtönen bei dir.

„Klar doch! Das war wohl ein bisschen viel Pulver, was?"

Zu eurer Erleichterung entdeckt ihr das Zauberpulver in eurem Nest. Die Zahnspangenbox und das Papierpäckchen sehen in dieser Umgebung sehr ungewöhnlich aus.

Aber was kann euch jetzt noch wundern!

„Dann ist ja alles okay", verkündet Sascha, „lass uns was unternehmen! Das Zeug ist hier sicher. Ich packe noch ein paar Zweige drauf, damit es nicht noch ein anderer Flugsaurier findet."

- Wenn du Saschas Vorschlag folgen willst, lies weiter auf Seite 34
- Wenn du das Rückreisepulver lieber nicht im Nest zurücklassen willst, lies weiter auf Seite 28

Du bist in der Kreidezeit gelandet und hast dich in einen Stachelrücken verwandelt! Das Seltsame ist nur: Du weißt es und du erinnerst dich an das 21. Jahrhundert, aus dem du gekommen bist, und auch an Saschas Dachboden. Also ist dein Gehirn noch menschlich. Aber es steckt in einem riesigen, gepanzerten Kopf. Der sitzt auf einem langen Hals an einem Körper, der mit Knochenplatten besetzt ist. Am Ende deines Schwanzes kannst du eine Keule aus zackigen Knochen schwingen.

Wenigstens bin ich nicht unbewaffnet, denkst du grimmig. Doch plötzlich durchfährt dich ein eiskalter Schrecken! – Wo ist das Rückreisepulver?

● **Wenn du neugierig bist und dir erst einmal die Gegend ansehen willst, lies weiter auf Seite 37**

● **Wenn du zunächst nach dem Rückreisepulver suchen willst, bevor du etwas anderes unternimmst, lies weiter auf Seite 12**

Du senkst drohend den Kopf und gehst brüllend auf die Raptoren zu. Zwei von ihnen weichen zurück und tun so, als fühlten sie sich von dir tatsächlich bedroht. Der dritte schlägt sich seitwärts ins Gebüsch. Was hat er vor? Vielleicht will er sich ja von hinten an dich heranschleichen. Als du die Büsche hinter dir rascheln hörst, schwingst du deinen mächtigen Schwanz mit den scharfen Knochenzacken wie eine Keule. Es kracht und du hörst den Raptor hinter dir schreien. Er hatte gerade zum Sprung angesetzt. Deine Knochenkeule hat ihn mitten in seinen empfindlichen Bauch getroffen. Mit der Wucht eines zweiten Schlages schleuderst du ihn empor. Wie ein hilfloser Frosch fliegt er mit zappelnden Beinen durch die Luft. Sein Körper kracht auf

einen seiner überraschten Kumpanen. Beide gehen zu Boden und bleiben reglos liegen.
Jetzt musst du nur noch mit einem Raptor fertig werden. Der aber ist schlauer als seine Artgenossen. Er bleibt außer Reichweite deines Schwanzes und umkreist dich.
Doch plötzlich erstarrt er und dreht blitzartig den Kopf von dir weg.
Da hörst du es auch: Die Erde dröhnt, als würde ein Güterzug herandonnern. Doch das erscheint dir in der Kreidezeit eigentlich eher unwahrscheinlich.

Lies weiter auf Seite 31

Plötzlich beginnt Sascha sich wie ein Irrer um die eigene Achse zu drehen. Er kreist schneller und immer schneller um sich selbst, bis er nur noch ein Wirbel aus Licht und Schatten ist. Und dann ist er verschwunden.
Du stehst fassungslos da: Sascha ist weg!

➡ **Wenn du beschließt, Sascha jetzt zu folgen, dann nimm die Briefwaage und füll dir das Pulver ab. Das Päckchen mit den 100 Gramm Zauberpulver für die Rückreise stopfst du in die Hosentasche. Dann schluckst du die Dosis für die Hinreise und liest weiter auf Seite 9**
➡ **Wenn du Sascha für wahnsinnig hältst, lies weiter auf Seite 44**

Ihr macht einen großen Bogen um das Tal voller Schwefeldämpfe und beschließt, von nun an allen Gefahren aus dem Weg zu gehen.

Eure Artgenossen beobachtet ihr lieber aus der Ferne. Bei euren Wanderungen entdeckt ihr die fußballgroßen Eier der Sauriergelege und verfolgt die Jagd der Raptoren aus sicherem Versteck. Schließlich gelangt ihr an die Küste des großen Meeres und lernt viel über das Leben der Flugsaurier in den Klippen. Bald wisst ihr mehr, als je ein Wissenschaftler herausgefunden hat und beschließt, ins 21. Jahrhundert zurückzukehren.

Ihr vereinbart, keinem Erwachsenen eure Reisebeschreibung auf die Nase zu binden. Es wird noch eine Weile dauern, ehe ihr Nutzen aus eurem Wissen ziehen könnt.

Doch Jahre später werdet ihr beide, du und dein Freund Professor Doktor Sascha B., die weltweit führenden Spezialisten in der Saurierforschung sein.

ENDE

Die halbe Ration Rückreisepulver reicht gerade bis in die erste Eiszeit und verwandelt dich in ein Ur-Pferdchen von Katzengröße. Du siehst dich nach Sascha um und bekommst fast einen Herzschlag: Du blickst in die grauenhafte Visage eines Säbelzahntigers!
„Sascha?", fragst du ängstlich.
Der Tiger antwortet mit einem Grollen.

„Könntest du bitte das restliche Pulver mit mir teilen?", flehst du ihn an, „ich glaube, ich möchte jetzt lieber nach Hause."
Der Tiger aber scheint nicht zu verstehen. Er fixiert dich, spannt die Muskeln und setzt zum Sprung an …

ENDE

„Ist das nicht der helle Wahnsinn?!", grummelt Sascha. Wahrscheinlich wollte er flüstern, aber es klingt eher wie das Poltern eines Betonmischers. Ihr blickt hinab in die Farnprärie. Dort grast eine Saurierherde. Die gewaltigen Titan-Saurier, die Stachelrücken und Toro-Saurier wirken in dieser Entfernung klein und friedlich.

„Sieh mal, da sind unsere Artgenossen!", rufst du erfreut. „Stachelrücken wie ich und auch solche Knochenplatten-Dinger wie du! Ich finde, wir sollten ihnen Hallo sagen gehen."

„Lieber nicht", entgegnet Sascha. „Überleg doch mal: Da kommt auf der Straße ein Typ auf dich zu und sagt: Hey, ich bin ein Marsmännchen aus dem Jahr 4.200.300, und ich wollte mal Hallo sagen!"

„So blöd müssen wir uns ja nicht anstellen!", sagst du.

„Na, dann werden sie uns vermutlich nur für Eindringlinge in ihrem Revier halten", antwortet Sascha.

➡ Wenn du auf Saschas Vorsicht pfeifst, lies weiter auf Seite 43

➡ Wenn du meinst, dass Sascha Recht haben könnte, lies weiter auf Seite 46

„Nein, ich finde, wir sollten das Rückreisepulver immer bei uns haben", entgegnest du.
Sascha bewegt so seltsam seine zusammengefalteten Flügel. Das soll wohl ein Achselzucken sein.
Du hängst ihm die Zahnspangenbox um den dünnen Hals und umklammerst dein Päckchen mit einer Kralle. Dann schwingt ihr euch in die Luft.

Ihr kreist ein paar Runden über der Kolonie.
Felsen und Strand sind bevölkert von den unterschiedlichsten Flugsauriern, von solchen Riesen, wie ihr es seid, aber auch von den kleineren Tapejaras.
„Wow!", ruft Sascha aus. „Was schlägst du vor? Wollen wir zuerst auf das Meer hinausfliegen oder lieber über das Festland?"

⊘ **Wenn du zuerst auf den blaugrünen Ozean hinausfliegen möchtest, lies weiter auf Seite 45**

⊘ **Wenn du zuerst über das Festland mit seinen endlosen Farnwäldern fliegen möchtest, lies weiter auf Seite 34!**

Doch deine Erleichterung verwandelt sich bald in Verzweiflung.
Sascha hebt den Kopf und blickt zu dir auf.
„Ich werde ertrinken!", schreit er. „Mit nassen Flügeln kann ich nicht fliegen!"
Da stopfst du ihm ohne nachzudenken das Päckchen Rückreisepulver, das du in der Klaue hältst, in den weit aufgerissenen Schnabel. – Ein Luftwirbel und Sascha ist fort, für immer verschwunden aus diesem Zeitalter.
Du aber bewegst mühsam deine Schwingen, um erneut aufs Meer hinauszufliegen. Doch diesmal hütest du dich vor großen Schatten unter der Wasseroberfläche. Mit deinem langen Schnabel fängst du deinen ersten Fisch. Was bleibt dir auch anderes übrig? Du wirst dich an das Leben als Flugsaurier gewöhnen müssen.

ENDE

Das Unterholz kracht und splittert. Ganze Baumfarne werden gefällt, als der Toro-Saurier hindurchtrampelt. Er ist doppelt so groß wie du und der Raptor. Seitlich an seinem Kopf ragen zwei meterlange Hörner empor.

Sieben Tonnen geballte Wut rasen auf den Raptor zu. Mit gesenkten Hörnern versucht der stämmige Pflanzenfresser den Raptor aufzuspießen. Der weiß, dass er keine Chance hat. Mit wütendem Kreischen ergreift er die Flucht. Der Toro-Saurier setzt ihm noch ein paar Schritte nach, wobei er drohend den Kopf schüttelt. Doch als der Raptor nicht mehr zu sehen ist, macht er kehrt.

Du weißt nicht, was du von dem erbosten Ungeheuer halten sollst. Wird es als Nächstes auf dich losgehen? Vielleicht bist du unrechtmäßig in sein Revier eingedrungen?

Doch als er näher kommt, fällt dir an einem seiner Hörner etwas Merkwürdiges auf …

Lies weiter auf Seite 15

Ihr schluckt gemeinsam das Pulver und fasst euch bei den Händen. Schon beginnt ihr euch zu drehen und umeinander zu wirbeln, rasend und immer schneller bis Bilder und Farben verschwimmen. Es rauscht in deinen Ohren. Plötzlich gibt es einen dumpfen Aufprall und der Zeitstrudel spuckt dich in ein Nest auf einem hohen Felsen.

Unter dir rauscht der Ozean. Die Luft ist erfüllt von schrillen Schreien. Du bist mitten in einer Kolonie von Flugsauriern gelandet. Und du bist einer von ihnen!

Wenn du die Arme ausbreitest, entfaltest du mächtige Lederschwingen. Dein Mund ist ein Schnabel voll spitzer Zähne geworden. Deine Füße sind Klauen. Du hockst dich auf den Rand deines Nestes und betrachtest das Wesen, das dir gegenüber kauert.

Lies weiter auf Seite 18

Ihr stoßt euch vom Nest ab und steigt auf. Die Kolonie unter euch wird immer kleiner. Die warmen Aufwinde über dem Land tragen euch hoch in den Himmel.
Ihr entfernt euch vom Ozean und gleitet über das grüne Land, überfliegt riesige Wälder und segelt hinaus in die Steppe.
Der Boden ist hier braun-grün, bedeckt mit Kakteen und Moosen. Vereinzelt gibt es auch Baumfarne und Palmen.

Und dann seht ihr die Dino-Herden. Große Gruppen von riesigen Pflanzenfressern ziehen auf der Suche nach Nahrung über das Land. Im Tiefflug entdeckt ihr am Waldrand sogar ein Dinosaurier-Nest.
„Wahnsinn, hast du schon einmal Saurier schlüpfen sehen?", fragst du Sascha.
„Nicht einmal ein Hühnerküken", gibt dein Freund zu.
Ihr landet in der Nähe des Geleges und schaut zu, wie die Saurierbabys die Eierschalen von innen aufpicken.

Lies weiter auf Seite 49

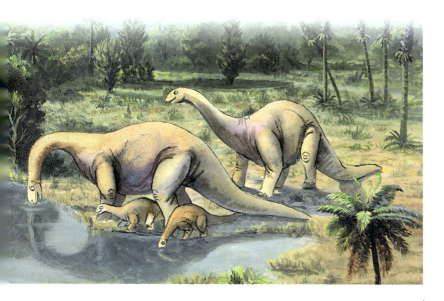

Ihr macht euch auf den Rückweg zu eurem Nest in der Flugsaurier-Kolonie.

„So interessant es auch sein mag", sagt Sascha, während ihr über die Baumwipfel gleitet, „es ist mir eindeutig zu gruselig in dieser Zeit. Ich will wieder zurück."

„Okay", stimmst du zu, „mir ist es hier auch ein bisschen zu gefährlich."

Schließlich landet ihr im Nest und Sascha beginnt sofort, mit dem Schnabel nach dem Pulver zu wühlen. Auch du stößt deine Nase in den Boden des Nestes. Aber da ist nichts. Das Pulver ist weg!

„Gestohlen!", schreit Sascha entsetzt.

Das Wort trifft dich wie ein Fausthieb. Fassungs-los starrt ihr einander an. Nur allmählich sickert dir die bittere Wahrheit ins Bewusstsein: Ihr beide werdet euer Leben als Flugsaurier beschließen müssen.

„Tja", sagt Sascha, der schon immer praktisch veranlagt war, „wenigstens hab ich dich und du hast mich."

Er hüpft näher an dich heran und legt dir freundschaftlich den Kopf mit dem langen Schnabel auf die Schulter.

ENDE

So schnell es geht, entfernst du dich von der Stelle, wo du aufgewacht bist. Vielleicht hat dich ja schon jemand als Opfer ausersehen, während du hilflos herumgelegen hast!
Du trottest am Ufer des Sees entlang und staunst über die Riesenfarne und die großen Nadelbäume. Manche Pflanzen erwecken den Eindruck, als ob sie mühelos ein kleines Beuteltier verschlingen könnten.
Versuchsweise zupfst du die zarten, roten Blüten eines Busches ab und kaust. Es schmeckt köstlich!
Ich bin also ein Pflanzenfresser, denkst du zufrieden. Da sollte ich mir zu meiner eigenen Sicherheit wohl besser eine Herde suchen.

Lies weiter auf Seite 50

Was aber ist das? Eine Gruppe von Dino-Kälbern hat sich beim Spielen von der Herde entfernt. Plötzlich bemerkst du, wie sich die Riesenfarne neben ihnen bewegen: Raptoren! Mit Gebrüll stürzt du den Abhang hinunter und treibst die Kälber zurück zur Herde.

Drei Raptoren brechen aus dem Gebüsch hervor, aber zu spät. Schon stellen die Panzersaurier sich den Raptoren in den Weg, die Dornenschwänze nach außen gerichtet, um die Herde zu schützen. Ohne den Angriff zu wagen, treten die Raptoren den Rückzug an.

Als die Gefahr vorüber ist, wenden die anderen Panzersaurier sich dir zu. Sie beschnüffeln dich und zeigen dir mit wohlwollendem Nicken, dass du willkommen bist.

Du wirst die Hoffnung, Sascha wiederzufinden, nie aufgeben. Jedem Saurier, dem du begegnest, schaust du forschend in die Echsenaugen. Das macht dein Leben spannender als das eines gewöhnlichen Dinos. Aber im Großen und Ganzen wirst du deine nächsten einhundert Lebensjahre träge und zufrieden als Stachelrücken in der Kreidezeit verbringen.

ENDE

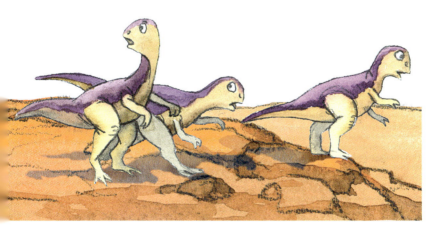

40

Du läufst los, so schnell dich deine schwerfälligen Beine tragen.

Sofort sind zwei der Raptoren hinter dir her. Der dritte überholt dich mit großen Sprüngen. Dabei stößt er sich mit den sichelscharfen Klauen seiner Hinterbeine vom Boden ab. Dir wird klar: Die Raptoren sind nicht nur größer, sondern auch schneller als du. Und du hast keine Ahnung, wie lange dein Knochenpanzer den gewaltigen Kiefern und tödlichen Krallen deiner Angreifer noch Stand halten wird. Verdammtes Zauberpulver, denkst du, als ein Raptor in dich hineinläuft. Ein zweiter kommt von hinten, der dritte schneidet dir den Weg ab. Du hast absolut keine Chance!

ENDE

Langsam näherst du dich der Herde. Sascha folgt dir zögernd.

Als du nahe genug herangekommen bist, heben die Stachelrücken, die dir am nächsten sind, warnend die Köpfe.

Du bleibst lieber erst einmal stehen.

Plötzlich hören die Dinos auf zu grasen und starren euch neugierig an.

„Oh, oh!", flüstert Sascha hinter dir.

Schon drehen einige Stachelrücken und Toro-Saurier ab und steuern mit gesenkten Köpfen auf euch zu. Als sie vom Schritt in einen Trott verfallen, knurrt Sascha: „Eigentlich möchte ich dieses Empfangskomitee lieber nicht erleben!"

Da bist du ganz seiner Meinung. Nichts wie weg hier!

Lies weiter auf Seite 56

In diesem Fall ist das Abenteuer für dich zu Ende, bevor es angefangen hat. – Mit ungläubig aufgerissenem Mund stehst du da, als Sascha das Pulver schluckt und vor deinen Augen verschwindet. Kann ja sein, dass du dich jetzt ärgerst, aber ein bisschen Mut muss man schon mitbringen, wenn man sich in 1000 Gefahren stürzen will, oder?

ENDE

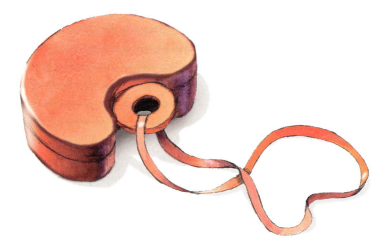

Ihr entfernt euch vom Festland und gleitet über die schäumenden Wellen des Atlantiks.

„Was ist das?", fragt Sascha dich plötzlich.

„Es sieht aus wie ein U-Boot. Da, direkt unter der Wasseroberfläche!"

„Herzlichen Glückwunsch, Sascha! Du hast soeben das erste U-Boot der Kreidezeit entdeckt. Wir sind in der Kreidezeit, schon vergessen?"

„Haha, sehr lustig!", entgegnet Sascha beleidigt.

„Ach komm schon, lass uns das lieber mal näher ansehen!", schlägst du vor.

Ihr lasst euch im Gleitflug sinken.

Der riesige Schatten unter der Wasseroberfläche bewegt sich.

„Vielleicht ein Wal?", überlegt Sascha.

Aber du weißt es besser: „Ein Wal ist ein Säugetier. Die gab es doch damals noch nicht."

Plötzlich schießt ein gigantisches Maul mit Dornenzähnen aus dem Wasser.

Es ist ein Meeressaurier, der größte Räuber aller Zeiten. Und er hat es auf euch abgesehen!

Lies weiter auf Seite 54

45

Ihr umgeht die Herde in einem großen Bogen. Das Gelände wird abschüssig. Plötzlich steigt dir beißender Gestank in die Nase. Im ersten Moment denkst du an Raptoren. Aber das hier ist etwas anderes, kein tierischer Geruch.

„Hey, Sascha", fragst du, „riechst du das auch?" Sascha schnuppert. „Igitt, wie eklig!"

„Das ist Schwefel! Die Dämpfe sind absolut tödlich!" „Wir müssen unbedingt die Herde warnen!"

„Ich glaube, das sollten wir lieber nicht tun", entgegnest du.

⮕ **Wenn du dich von Sascha überzeugen lässt, die Herde zu warnen, lies weiter auf Seite 60**

⮕ **Wenn du darauf bestehst, keinen Kontakt mit euren Artgenossen aufzunehmen, lies weiter auf Seite 25**

Leider bleibt dir keine Zeit mehr, dich darüber aufzuregen, dass das Pulver im fernen Nest liegt. Es gelingt euch auch nicht, der wütenden Tyrannosaurier-Mami zu erklären, dass ihr bloß nett sein wolltet! Ihr werdet einfach **GEFRESSEN**!

ENDE

Ein Saurierbaby ist besonders wagemutig. Es tapst auf seinen Hinterbeinen zu euch herüber. Dabei stolpert es ungeschickt über die eigenen Krallen. Seine kurzen Vorderbeine bieten ihm keinen Halt und es purzelt auf seinen großen, unförmigen Kopf.

Du breitest die Flügel aus, um hinzueilen und dem Baby aufzuhelfen. Doch Sascha warnt dich: „Fass das kleine Vieh lieber nicht an!"

⮕ **Wenn du auf Sascha hören willst, lies weiter auf Seite 52**

⮕ **Wenn du Saschas Warnung für Blödsinn hältst, lies weiter auf Seite 58**

Der See vor dir liegt tiefer als das übrige Land.
Du stapfst die Böschung hinauf und blickst
hinab in die weite Steppe.

Und dort siehst du sie: hunderte von friedlichen
Pflanzenfressern, die Seite an Seite weiden.

Da gibt es Titanen, dreimal so groß wie du
selbst und mit vielreihigen Zähnen ausgestattet.
Sie können ganze Bäume verschlingen.

Auch mittelgroße und kleine Dinos sind
vertreten.

Und du kannst sogar einige deiner Art aus-
machen: Die starken Panzerträger beschützen
die wehrlosen Flanken der Herde.

Lies weiter auf Seite 38

Genau in diesem Augenblick bewegen sich plötzlich die Bäume am Waldrand. Eine mächtige, dunkle Gestalt bricht hervor.

Es ist ein Tyrannosaurier, die Mutter der gerade schlüpfenden Babys.

Ihr steht regungslos, die Flügel an euren Seiten gefaltet, die Schnäbel am Boden und hofft, dass sie euch nicht riecht.

Die Saurier-Mama wirft den grausamen Schädel hin und her, wittert und späht nach allen Seiten. Schließlich röhrt sie beruhigt und schaut sich nach etwas Beweglichem um, das sie fressen könnte.

In der Steppe entdeckt sie ein paar kleine Pflanzenfressende Saurier. Sehr appetitlich. Mit großen Schritten begibt sich das Tyrannosaurier-Weibchen auf die Jagd.

„Das war knapp", flüstert Sascha.

„Allerdings, ich glaube, mir reicht es jetzt", sagst du.

➡ **Falls ihr das Rückreisepulver im Nest gelassen hattet, lies weiter auf Seite 36**

➡ **Falls ihr das Rückreisepulver bei euch habt, lies weiter auf Seite 53**

Du hilfst Sascha, mit dem Schnabel die Zahn-spangenbox aufzuhacken. Dann schluckt ihr beide eure Dosis Zauberpulver. Ihr werdet zurück ins 21. Jahrhundert gewirbelt.
Ein wenig benommen, aber unversehrt landet ihr auf Saschas Dachboden.
„Wow!", sagt Sascha, während er seine Spange von den Dielen aufhebt und wieder in dem roten, etwas mitgenommenen Behälter verstaut, „das glaubt uns kein Mensch!"
Du betrachtest ihn und beginnst zu lachen.
„Weißt du was? Mit deinem schiefen Flug-saurier-Gebiss hättest du die Zahnspange eigentlich viel nötiger gehabt!"
Die rote Box trifft dich am Ohr.

ENDE

Die gewaltigen Kiefer des Meeressauriers krachen entsetzlich, als er nach euch schnappt.
Plötzlich ist dir klar, dass ihr einen Fehler gemacht habt: Ihr seid hier zu weit vom Festland entfernt. Die Aufwinde tragen euch nicht.
Ihr könnt dem Monster nicht entkommen.
Noch ein Krachen des furchtbaren Kiefers, und Sascha wird hinabgezogen!
Aber das Ungeheuer hat nur die herabbaumelnde Zahnspangenbox erwischt! – In dem Moment als Sascha auf die Wasseroberfläche klatscht, verschluckt der Meeresräuber die Box samt Pulver und ist weg! Fortgerissen in eine andere Zeit!
Erleichtert gleitest du über Sascha hin. Er treibt mit ausgebreiteten Schwingen auf dem Wasser.

Lies weiter auf Seite 29

Sascha fischt vorsichtig mit seinem spitzen Maul das Päckchen zwischen deinen Rücken-platten hervor. Dann schnappst du nach der Zahnspangenbox und schluckst sie im Ganzen. Die Zeitspirale beginnt sich zu drehen und schleudert euch zurück in die Gegenwart.

Wenig später landet ihr mit Gepolter auf Saschas Dachboden. Ihr schnauft und presst die Hände gegen eure dröhnenden Köpfe. Schließlich steht die Welt um euch endlich wieder still.

„Musstest du aber auch gleich die ganze Zahnspangenbox fressen?" Sascha sieht dich vorwurfsvoll an. „Das gibt bestimmt Ärger mit meinem Kieferorthopäden!"

ENDE

Hättest du nur auf Sascha gehört! Du weißt doch, dass Tiermütter ziemlich sauer werden können, wenn man sich an ihrem Nachwuchs vergreift!

Jedenfalls schießt jetzt zwischen den Bäumen hindurch eine ausgewachsene Tyrannosaurier-Dame auf euch zu und brüllt mit aufgerissenem Rachen.

➲ **Falls ihr das Zauberpulver für die Rückreise beim Abflug vom Nest mitgenommen habt, lies weiter auf Seite 16**

➲ **Falls ihr das Pulver nicht mitgenommen habt, lies weiter auf Seite 47**

So rasch ihr könnt, lauft ihr über die Prärie zurück zur Herde. Die Saurier werden auf euch aufmerksam. Es sind Stachelrücken wie du, die „Wachposten" der Herde. Für sie seid ihr lediglich zwei fremde Dinos, die in ihr Revier eindringen und ihnen die Weiden streitig machen. Wütend stürzen sie sich auf euch. Da wird euch klar, dass ihr einen Fehler begangen habt: Diese Saurier werden keinerlei Erklärung verstehen! Und sie haben keine Ahnung davon, was Schwefeldämpfe sind! – Mit gesenkten Hörnern und zuckenden Dornenschwänzen rasen sie auf euch zu. Verzweifelt macht ihr kehrt und flieht vor euren wütenden Artgenossen direkt ins Verderben hinein.

ENDE